ELOGE

DE

M. DE MARCA,

ARCHEVÊQUE

DE PARIS.

ELOGE

DE
M. DE MARCA,
ARCHEVÊQUE
DE PARIS,

DISCOURS qui a remporté le prix
de l'Académie des Sciences &
Beaux-Arts de Pau, le 4 Février
1762.

Par M. l'Abbé BOMBART, *Aumônier*
de Monseigneur l'Archevêque de Paris.

A PARIS,

Chez CL. HÉRISSANT, Imprimeur-Libraire,
rue Neuve Notre-Dame, à la Croix d'or.

M. DCC. LXII.
Avec Approbation & Privilége du Roi.

ELOGE

DE M. DE MARCA,

ARCHEVÊQUE DE PARIS.

IL eſt des ſiécles où la Nature déploie toute ſa fécondité, & ſe plaît à raſſembler les merveilles qu'elle n'enfanta qu'avec une ſorte d'œconomie dans les ſiécles précédens. Ainſi ces hommes célébres dont Rome avoit tiré ſa gloire dans les différens âges de la République, ſemblerent ſe reproduire ſous le régne fortuné d'Auguſte.

Depuis que l'Empire François ſubſiſte, il a vu s'élever dans ſon ſein une ſucceſſion de Génies ſublimes, que le Ciel avoit fait naître pour l'ornement de l'Univers. Mais le dernier ſiécle ſur-tout a produit dans tous les genres une foule de grands Hommes, dont le ſouvenir réveille encore notre admiration & dont le nombre étonnera la postérité.

C'est dans l'aurore de ces beaux jours de la France que parut le Prélat illustre dont j'entreprends l'Eloge ; & ce siécle de miracles dut à M. de Marca un rayon de sa gloire.

Ne croyez pas que la Nature presque toujours avare ait restreint à une sorte de mérite les faveurs qu'elle lui avoit destinées. Pour bien le louer, il faudroit montrer en même temps le Magistrat éclairé, le profond Politique, l'Historien sçavant, l'habile Théologien, le Pontife zelé. Mais les bornes prescrites à ce Discours ne me permettront que de jetter un coup-d'œil sur les prodiges dont sa vie est pleine. Je l'envisagerai à la tête des affaires publiques, & dans les fonctions de l'Episcopat. Je confondrai quelquefois les temps, & j'interromperai l'ordre des actions pour garder celui des vertus. Par-tout je tâcherai de le peindre avec ces traits de droiture, de bonté, de religion, qui caractérisent l'honnête Homme & le Chrétien.

O siécle de bagatelles & de frivolités ! j'ose te présenter, dans l'Eloge de ce grand

Homme, pour t'inftruire ou te confondre, les talens & les vertus du plus beau fiécle qu'ayent vu nos ayeux.

I. POINT.

LA Providence qui vouloit donner dans M. de Marca un ami, un défenfeur à la vérité, dans une Province où fembloient s'être retranchées les erreurs du Calvinifme, le fit naître d'une famille qui joignoit à l'antiquité de fon origine un attachement inviolable à la Foi orthodoxe. Ses ancêtres, après avoir long-temps fervi l'Efpagne par leurs exploits militaires, avoient apporté dans le Bearn ces vertus mâles qui font la vraie Nobleffe.

De Marca recueille en naiffant cette fucceffion précieufe. On ne l'entretient pas dans fes premiers ans de richeffes & de grandeurs. Ce n'eft pas fur l'éclat des vanités humaines qu'on permet à fes yeux de s'effayer en s'ouvrant à la lumière du jour. On lui parle de Dieu, & on le lui fait aimer : on lui montre fes devoirs, & il les pratique.

Auch est le théâtre où ses talens commencent à se développer. C'est-là que, par les premiers essors de son esprit , il prélude à ces sçavans Ouvrages qui lui mériteront l'immortalité. Comme une abeille industrieuse, il tire des fleurs que les Lettres lui présentent, cette aménité, ces graces qui rendront son commerce délicieux. Bientôt Toulouse lui ouvrira une carrière plus vaste, mais plus épineuse. Venez, vous à qui l'ambition d'une famille opulente destine dès vos premiéres années une place honorable dans le Sanctuaire de la Justice , venez apprendre du jeune de Marca à vous préparer aux pénibles fonctions de la Magistrature.

Avec quel courage il entre dans ce labyrinthe de Loix & de Coûtumes, de la combinaison desquelles résulte l'Art de bien juger les peuples ! Avec quelle noble curiosité il interroge les siécles anciens , pour en recevoir des réponses qui lui apprennent à distinguer le bon droit de l'injustice ! Une étude profonde de la Jurisprudence , soutenue par un esprit juste , éclairé , pénétrant , fit de M. de Marca dans sa vingt-uniéme année un des plus fçavans Magiftrats du Royaume.

Les prémices de fes travaux publics font confacrées à fa Patrie. L'Eternel n'a point abandonné à fes égaremens cette Province malheureufe. C'eft de fon fein qu'il a fait naître celui qui diffipera les ténèbres que l'erreur a répandues fur fes Villes. Repréfentez-vous une affemblée d'Hommes vénérables par leur fcience & par leurs années. Dans de tels Hommes, on refpecte tout, on encenfe jufqu'à leurs préjugés. Admis parmi eux, M. de Marca fe croit établi pour les éclairer; il entreprend d'inftruire ceux qui jugent les peuples, & il réuffit. Les vérités combattues empruntent de fon éloquence douce & infinuante des attraits qui touchent, qui perfuadent ces Hommes que leurs lumières n'avoient pu défendre des charmes de la nouveauté. Tout le Confeil abjure le Calvinifme, & rend à la Foi Catholique fa foumiffion, fon amour.

De nouveaux combats lui font préparés, de nouvelles victoires l'attendent. Louis XIII. pour qui le fceptre a moins de charmes, parce qu'il compte parmi fes fujets des mil-

liers d'hommes attachés à l'héréfie , entreprend d'abbatre la nouvelle doctrine dans le
Bearn. Une timide Politique s'y oppofe d'a-
bord. C'eft à M. de Marca qu'eft réfervé
l'honneur de faire triompher la fagefle &
la Religion du Monarque. Gagné par la pu-
reté de fes motifs , entraîné par la force de
fes difcours , le Confeil foufcrit à l'Edit du
Prince , les Eglifes rentrent dans leurs pof-
feffions, les Sectaires font éloignés des charges , & l'erreur déformais fans appui eft
réduite à frémir en fecret , femblable à ces
animaux féroces qui, à la faveur des ombres
de la nuit, ravagent les campagnes, effrayent
les mortels , & qui aux approches de l'aurore
retournent en mugiffant dans leurs antres
obfcurs.

O Province long-temps le théâtre des fcènes
les plus tragiques , jouis enfin de la paix que
t'a rendue ce fage Magiftrat. C'eft l'amour
de la Patrie qui lui a fait effuyer tes larmes;
& fi fon fang avoit dû couler pour épargner
celui de tes Citoyens, il étoit prêt à te facri-
fier fes jours.

Les talens de M. de Marca ne feront plus

renfermés dans une feule Province. De nouveaux liens vont l'attacher à toute la France.
Il s'éleve dans ce Royaume un Tribunal, où
tous les Citoyens ont droit de porter leurs
plaintes, & où les Jugemens émanés des autres Tribunaux font jugés à leur tour. M. de
Marca paroît dans cette Compagnie refpecta-
ble. Ne croyez pas que fes follicitations ou
fes intrigues l'y ayent introduit. Il n'appartient qu'aux ames vulgaires d'arriver en ram-
pant au faîte des honneurs. Les grandes
ames, parce qu'elles connoiffent mieux leurs
devoirs, ne fe croient jamais au-deffus des
emplois qu'elles rempliffent, & ne penfent pas
à s'élever. M. de Marca, loin de la Cour,
n'étoit occupé que des fonctions de fa Charge
qu'il honoroit par fes vertus, quand ce
Miniftre immortel *, qui connoiffoit à fond
les hommes, & dont l'eftime tenoit lieu du
plus bel éloge, crut qu'il ne pouvoit mieux
fervir fon Maître qu'en appellant dans le
Confeil d'Etat le Magiftrat que je loue.

Ici fon ame fe développe toute entière.

---

* Le Cardinal de Richelieu.

Quelle connoissance des Loix ! On diroit qu'il a assisté aux Jugemens de tous les siécles, & que sa mémoire lui présente à chaque instant le Code de tous les Peuples. Quelle pénétration pour démêler le vrai à travers les ombres , dont l'intérêt cherche à le couvrir ! Quelle sagesse pour appliquer à tous les maux les remédes propres ! Quelle attention à suivre dans ses Arrêts les régles de la plus severe équité ! L'amitié , le sang ne président pas à ses décisions : les balances de la Justice ne penchent jamais entre ses mains que du côté de l'innocence.

C'est cette exacte équité qui lui mérita des hommages dans ce Sanctuaire auguste, où l'on pese sous les yeux du Monarque les droits de la Royauté avec les intérêts des Peuples. M. de Marca , à qui le Roi n'auroit pas donné ce degré dans sa confiance, si un autre l'avoit mieux mérité que lui , se regarde comme une victime dévouée au bien de la Patrie. Il craint son Dieu, il respecte son Prince , il aime ses Concitoyens. France , que ne dois-tu pas te promettre d'une administration fondée sur ces vertus ?

Faut-il porter au pied du Trône les nécef-
fités du Peuple ? Son ame eft inacceffible à
cette crainte qui, dans un Miniftre ambi-
tieux, affoiblit ou déguife le tableau des mi-
sères publiques. S'agit-il de faire rendre au
Peuple ce qu'il doit à la Majefté du Trône ?
Il confidère avec des yeux attentifs l'inté-
rieur de l'Etat ; il combine fes charges avec
fes reffources, calcule fes befoins & fes forces , faifit le point indivifible qui fépare la
fermeté néceffaire d'une rigueur dangereufe ;
& par fes fages tempéramens rend l'obéif-
fance douce, & donne des charmes même
à la dépendance.

Quel fpectacle préfente un Etat ainfi gou-
verné ! C'eft l'image de ce Royaume éter-
nel , dont le Souverain affis fur un Trône
inébranlable diftribue fans ceffe à fes fujets
le bonheur & l'immortalité, & dont les fujets à leur tour contribuent à cette gloire
qui eft l'apanage du Souverain.

J'ai maintenant à produire, en faveur des
vertus politiques de M. de Marca, une preuve
fupérieure à tous les éloges, & à laquelle la
Critique n'ofa jamais rien oppofer, l'amour

des Peuples : on sçait à quel prix cet amour s'achete.

Quand les ordres du Prince & l'importance des affaires l'appellent dans des Provinces éloignées , sa réputation l'y précéde ; on s'entretient avec admiration de son mérite ; on l'attend avec impatience ; les Villes semblent se détacher de leurs fondemens , & voler à sa rencontre ; on se félicite mutuellement de le posséder ; on croit voir en lui un Génie tutélaire.

Ce n'est pas seulement de ses Compatriotes qu'il a gagné les cœurs , il sçait également se faire aimer des Etrangers. Suivez-le dans cette Province nouvellement unie à la France, où le Roi l'avoit envoyé pour y défendre les droits de sa Couronne. Il s'agit de maintenir dans le devoir un Peuple inquiet, d'accoutumer à la domination Françoise un Peuple jaloux de ses loix & de sa liberté. Qui pouvoit mieux y réussir que M. de Marca ? Ses manières polies , engageantes , préviennent tout le monde. Différent de ces hommes idolâtres de leur dignité, qui, pour s'admirer à loisir , enseveliffent leur grandeur dans une orgueilleufe folitude , il ne craint pas les regards du Public. Il ne peut que gagner en fe communiquant. On trouve à toutes les heures auprès de lui un accès facile. Il écoute toutes les plaintes , il entre dans tous les dé-tails. Chacun en l'approchant fent naître dans fon ame je ne fçai quel fentiment de vénération & d'amour , qu'il fe hâte d'infpi-rer à fes Concitoyens. Bientôt ce fentiment enchaîne tous les cœurs , & lui envoie les hommages de toute la Province.

Quels plaifirs purs des applaudiffemens fi mérités , fi fincères , ne doivent-ils pas exciter dans une ame telle que la fienne ! Ces plai-firs ne font pas pour vous , tyrans de vos fem-blables , dont la félicité barbare n'a d'autres appuis que les malheurs publics. Ce n'eft qu'au vrai fage qui fçait jouir de lui-même, & à qui l'humanité eft chere , qu'il appartient de goûter des plaifirs fi dignes de l'homme.

Cependant ceux que leur rang éleve fur la tête des autres hommes , ne peuvent guères juger de la fincérité des éloges qu'on leur prodigue , tandis que la paix régne au-tour d'eux , & que rien ne menace leur

félicité. L'efpérance & la crainte leur affu-
rent des refpeƈts au moins apparens. Mais
dans ces momens critiques où le Grand aux
prifes avec la mort s'apperçoit qu'il eſt
homme, comme on n'a plus intérêt de fein-
dre, on fe montre tel qu'on eſt. Une ma-
ladie prefque défefpérée que M. de Marca
effuya à Barcelone, fut peut-être la partie
de fa vie la plus glorieufe. On entend par-
tout des cris lugubres, par-tout on voit
couler des larmes. Tous les Temples s'ou-
vrent ; les Grands & le Peuple profternés
la nuit & le jour devant les Autels, s'effor-
cent par leurs vœux d'arracher au tombeau
un Ami, un Proteƈteur, un Pere. Peuple
défolé, raffurez-vous. Celui dont le danger
vous alarme, ne périra pas : le Ciel ne veut
qu'éprouver votre tendreffe.

De nouveaux ordres de la Cour appellent
ailleurs M. de Marca. Les pleurs des Ca-
talans recommencent à couler. Il emporte
avec lui leurs regrets & leur amour, feules
richeffes qu'il ait acquifes dans une Province
où fes mains avoient pendant plufieurs années
diftribué des tréfors immenfes.

Il

Il eſt des Grands dont la dignité ne ſe
ſoutient que dans ces fonctions d'éclat qui
les donnent en ſpectacle : ils remplacent en-
ſuite une contrainte de quelques heures par
des journées d'indolence. Les momens que
M. de Marca donne à ſes délaſſemens, ſont
auſſi glorieux pour lui que ſes travaux. Les
Lettres alors lui préſentent des plaiſirs in-
nocens.

Tantôt il s'éleve par la ſublimité de ſon
génie dans les cieux, & marche d'un pas
ferme dans ces routes juſques-là peu bat-
tues. Il étudie les mouvemens de ces corps
enflammés qui flottent dans les airs, il me-
ſure leurs diſtances. Tantôt promenant ſes
regards ſur la ſurface de la terre, il ſe rappelle les révolutions qui l'ont agitée. Tous
les temps ſe développent à ſes yeux : tous
les Peuples paroiſſent devant lui avec leurs
Coûtumes & leurs Mœurs. Il parcourt tous
les Empires, il fixe leur établiſſement, il
marque les cauſes de leur décadence.

C'eſt dans ces momens délicieux que
l'Hiſtoire de ſa Patrie ſe dépouille entre ſes
mains des abſurdités & des fables dont

l'ignorance des siécles passés l'avoit chargée.
Il décrit avec élégance les beautés de quel-
-ques Provinces voisines , & sa plume mêle
de l'intérêt au récit des actions qui les ont
illustrées. Ainsi , après avoir servi l'Etat par
ses travaux , il sçait encore lui rendre son
repos utile.

J'apperçois des merveilles d'un nouveau
genre , & c'est à la Religion que je vais con-
sacrer le reste de cet Eloge.

II. POINT.

LA mort venoit d'enlever à M. de Marca
une Epouse , avec laquelle il couloit dans la
paix & les délices d'une union religieuse les
plus heureux jours. J'exprimerois mal les
regrets que forma dans son cœur, les larmes
que fit couler de ses yeux un souvenir si
douloureux & si cher. Une seule chose enfin
le consola, la vertu de celle qu'il pleuroit.
Il renonça dès-lors à former à l'avenir au-
cun engagement humain , & résolut de ne
plus vivre qu'à l'ombre des Autels. Que de
mérites entrerent avec lui dans l'Eglise !

Il n'étoit encore qu'au premier degré de
la Cléricature, quand Louis XIII. le nomma
pour remplir un *Siége* vacant dans son
Royaume. Il reçoit avec une fainte frayeur
cette dignité redoutable : il en connoît les
devoirs & les remplit. Couferans & Tou-
loufe admirent fucceffivement en lui les vertus que demande la qualité de Pontife du
nouveau Sacerdoce.

Les Peuples ont droit d'attendre de leurs
Pafteurs l'exemple d'une conduite unie, ré-
gulière, modefte. C'eft celui que M. de Marca
donne à fon troupeau. Il ne croit pas devoir
à fa dignité ce pompeux appareil, cette fplen-
deur factice, qui n'ajoutent rien à la perfonne, & qui impofent au vulgaire ignorant.
Ce n'eft que par le mérite que le fage veut
briller, & le fafte marche rarement avec le
mérite.

Il fuit avec une égale attention cet exté-
rieur trop négligé qui annonce un efprit
auftère, ennemi des bienféances, & cenfeur
de fes contemporains. Il fçait que, quand
on doit vivre avec les hommes, il faut ne
pas trop s'écarter de leurs ufages, que la

vertu ne plaît que quand elle marche fur les pas de la fimple nature , & que le vrai mérite a des nuances différentes dans le Prélat obligé de fe montrer au monde , & dans le Solitaire que fon état éloigne des hommes. Auffi fit-il toujours paroître dans fa conduite une fimplicité fans baffeffe , une élévation fans enflure , une fermeté fans rigueur, une douceur fans foibleffe. En un mot, on admira toujours en lui cet affemblage rare des qualités qui forment le grand Homme , & des vertus qui rendent la grandeur aimable.

Si les talens de M. de Marca l'avoient rendu moins néceffaire au Gouvernement de l'Etat , Peuples confiés à fes foins , vous auriez joui plus conftamment du fpectacle de fes vertus paftorales. Du moins fçait-il profiter des intervalles que les affaires lui laiffent, pour aller fe livrer parmi vous aux douceurs d'un repos honorable , ou plutôt y varier fes travaux.

Le premier foin d'un Evêque doit être d'éloigner de fon troupeau le poifon des doctrines étrangères. Quelle fut la vigilance de M. de Marca ! quelles bornes mit-il jamais fur ce point à fes inquiétudes ! Sa foi s'alarme à la vuë de cette rapidité prodigieufe avec laquelle les nouvelles erreurs s'étoient depuis un fiécle répandues de toutes parts. Il oppofe toutes fes forces à ce torrent furieux qui ravage les plus belles Provinces de l'Empire Chrétien, & il l'empêche de rouler dans fon Diocèfe fes eaux corrompues. Tantôt Prédicateur zélé autant qu'habile Orateur, il expofe avec dignité ces régles éternelles fur lefquelles un Chrétien doit former fa créance & fes mœurs; & fon éloquence pathétique & humble, comme autrefois celle du célèbre Patriarche de Conftantinople, excite les applaudiffemens, & les refufe.

Tantôt embraffant par une charité Apoftolique les fiécles futurs, il leur tranfmet dans fes écrits le fruit de fes études & de fes veilles. Là le mérite infini de ce Sacrifice augufte qui chaque jour eft offert à Dieu par l'Eglife, fon unité avec cette oblation pure que le CHRIST fit de toute fa perfonne à fon Pere dans la plénitude des temps : là la néceffité des regrets & du repentir pour quiconque a fait par le crime outrage à l'Esprit de Dieu, les austérités & les larmes par lesquelles il doit acheter le pardon : là la sainteté du nœud qui unit les époux, l'avantage précieux qu'il a d'exprimer sous la Loi nouvelle l'union du Fils de Dieu avec l'Eglise, sont appuyés d'autorités & de preuves, qui, mises en œuvres par une main aussi habile, désarment l'erreur & la déconcertent.

Ainsi M. de Marca restitue à la postérité les solides instructions, que les affaires publiques l'obligent souvent de soustraire à son Peuple. Ainsi ses Ouvrages, mêlés à ceux que des Plumes sçavantes ont jusqu'ici enfantés, forment avec eux cette source intarissable où tous les siécles viendront puiser la saine doctrine.

De quelque zèle qu'un Evêque soit animé, quelques soient ses lumiéres, il ne peut que diriger les travaux qu'exige en détail le Gouvernement d'un Diocèse. C'est aux Ministres subalternes à porter le poids des fonctions sacerdotales. Ils sont les membres qui agissent, & il est le chef d'où le mouvement se distribue dans les différentes parties du corps

en proportion des forces de chacune d'elles.
Ce commerce du chef avec les membres
entretient dans tout le corps une harmonie,
d'où naissent sa vigueur & sa beauté.

M. de Marca s'applique à bien connoître
ceux que la Providence lui destine pour coo-
pérateurs dans le saint ministère, il étudie
leurs talens : il met chacun dans la place où
la trempe de son génie semble lui promettre plus de succès. Il se fait un devoir
d'entretenir toujours avec eux l'union la
plus étroite. Supérieur à eux par l'émi-
nence de son rang, il les rapproche de
lui par la confiance qu'il leur donne. Il les
accueille avec politesse, les entretient avec
bonté, & fait disparoître tout autre intervalle
que celui que la décence, que la Religion
même a mis entre l'Evêque & le Prêtre.

Ne craignez pas que sa dignité en souffre.
Peut-être ne garde-t-on pas en sa présence
cette attention trop compassée que la timidité
inspire ; (la tendresse & l'amour s'annoncent
avec moins de précaution,) mais le respect &
la reconnoissance rendent à ses vertus des hommages mille fois plus flatteurs que ceux que

l'autorité arrache à la crainte. Quels avantages résultent pour son Eglise d'un commerce si agréable ? La douceur de ses paroles insinue son zèle dans ceux qui l'approchent : on sent, en l'écoutant, augmenter son courage ; on conçoit un nouvel amour de ses devoirs.

Voyez son génie s'étendre, & comme se multiplier dans ce Conseil sacré où se traitent les plus importantes affaires de l'Eglise, & dans lequel il partage avec quelques hommes choisis l'autorité que vient de laisser en mourant ce Ministre célèbre ,* dont les qualités différentes avoient inspiré aux François l'admiration & la haine , à qui le mérite ne plaisoit pas toujours, & dont M. de Marca, malgré ses talens, avoit sçu gagner l'estime.

La diversité des opinions fait-elle naître de ces disputes qui affligent la Foi, & où les passions répandent autour de la vérité des nuages qui l'obscurcissent ? M. de Marca est l'oracle que l'on consulte. C'est de ses mains

---

* Le Cardinal Mazarin.

que les Prélats reçoivent les foudres dont ils frappent l'erreur. C'est de sa plume qu'ils se servent pour faire passer à la postérité la sagesse de leurs décrets.

Les intérêts de la Religion amenent-ils dans la Capitale des Evêques de toutes les Provinces ? Il est l'ame de ces assemblées saintes, où se réunit ce que l'Episcopat a de plus vertueux & de plus éclairé. Son érudition puise dans les fastes de l'Eglise, & son éloquence fait valoir les principes sur lesquels les Prélats doivent établir leurs décisions.

Aux traits de lumière qui brillent dans ses discours, on se rappelle & on admire cet Ouvrage profond*, où autrefois d'une main sçavante & judicieuse il balança les droits du souverain Pontife avec les priviléges de l'Eglise de France ; & sans blesser le respect dû au premier Siége du monde, ni manquer au zèle qu'inspire un sage patriotisme, il décida où finit l'autorité de l'un, & jusqu'où doit aller l'obéissance de l'autre.

---

* Lib. de Concord. Sacerd. & Imp.

La gloire eſt tardive pour la plûpart des grands Hommes, & leur réputation ne commence ſouvent qu'après leur mort. L'envie fait expirer ſur les lèvres de leurs Concitoyens des éloges que le vrai mérite forme, malgré eux, dans leurs cœurs. M. de Marca plus heureux, quoique dans un temps où les talens déja moins rares pouvoient lui ſuſciter des envieux plus à craindre, reçoit même pendant ſa vie un tribut de louanges d'autant plus flatteur, que la reconnoiſſance pour le lui payer emploie des bouches conſacrées à la vérité. Les Evêques, dans leurs aſſemblées, rendent hommage à la ſupériorité de ſon génie : Rome même admire la profondeur de ſon ſçavoir, l'honore de ſes applaudiſſemens, & lui aſſûre ſon eſtime.

De nouveaux honneurs vont au devant de M. de Marca, ſans lui laiſſer même le temps de les deſirer. Louis XIV. qui déja ſçavoit connoître les hommes & les employer à propos, le choiſit pour remplacer dans la Capitale un Prélat *, qui avoit été le

---

* Le Cardinal de Retz.

rival des Grands, & les délices du Peuple ;
plus admirable par les vertus pacifiques qui le
fuivirent dans fa retraite, que par les qualités
éclatantes qui avoient illuftré fon Epifcopat.

Paris depuis long-temps admiroit les talens de M. de Marca, fouvent il avoit retenti
de fes louanges : la joie s'y répand de toutes
parts, on s'attend à voir reparoître fous fon
Gouvernement les plus beaux jours de l'E-
glife. Hélas ! troupeau malheureux, vous ne
ferez qu'entrevoir votre Pafteur : une pompe
funèbre va prendre la place des fêtes que
vous lui préparez, & l'Eternel ne l'éleve fi
haut que pour immoler à fa puiffance une
plus grande victime.

Le jour le plus brillant difparoît, & la plus
belle vie a fon terme. Nous avons beau, en
célébrant les grands Hommes, imiter dans
leurs louanges la variété de leurs actions,
nos éloges fe reffemblent tous par un en-
droit, & notre dernier coup de pinceau n'ex-
prime jamais que les triomphes de la mort.

Déja des douleurs cuifantes annoncent à
M. de Marca que l'éternité s'approche. La
Religion qu'il a toujours aimée, la Religion

pour laquelle il a tant combattu , remporté
tant de victoires , accourt éplorée à sa voix
mourante : elle le serre entre ses bras , elle
calme ses frayeurs , elle ranime son espoir :
c'est dans son sein qu'il expire. De Marca
n'est plus. Que de lumières viennent de
s'éteindre ! que de belles qualités ont dis-
paru ! Ses vertus victorieuses des siécles ne
périront pas, la mort verra contre cet écueil
se briser sa puissance.

Je vous appelle au tombeau de ce grand
Homme , ô vous qui achetez par mille travaux le droit de revivre dans la postérité !
Voyez cette poudre. Quand la vôtre y sera
mêlée , de quoi vous servira cette vaine immortalité qui vous coute si cher ? Qu'importe
que les hommes parlent de vous , quand vous
ne les entendrez plus ? Apprenez à mourir. Le
sage ne connoît que cette science. Toutes les
autres passeront avec vous : celle-ci peut seule
survivre à votre cendre.

F I N.